42 !

Marie Gauvillé

42 !

Ernst Klett Sprachen
Stuttgart

Marie Gauvillé

42 !

1. Auflage   1 11 10 9 | 2025 24 23 22 21 20

Internetadresse: www.klett-sprachen.de

Redaktion: Elena Bergmann, Anne-Sophie Guirlet-Klotz
Layoutkonzeption: Elmar Feuerbach
Illustrationen: Jani Lunablau, Barcelona
Bilder: Marie Gauvillé, Pérols (Coverbild); Corbis (Desgrieux/photocuisine), Düsseldorf (Seite 58)
Gestaltung und Satz: Dörr + Schiller GmbH, Stuttgart
Umschlaggestaltung: Elmar Feuerbach
Druck und Bindung: CEWE Stiftung & Co. KGaA, Germering

Printed in Germany

ISBN 978-3-12-591449-0

Table des matières

Introduction

Liebe Schülerinnen und Schüler!

Lesen sollte vor allem Spaß machen. Deswegen handelt „*42!*" nicht nur von einem spannenden Thema, sondern es gibt euch auch einen lebendigen Einblick in den Alltag französischer Jugendlicher. Außerdem könnt ihr beim Lesen entdecken wie sie sprechen. Wenn sich Jugendliche (aber auch Erwachsene) im Alltag unterhalten, so wie hier Simon und seine Freunde, drücken sie sich nämlich nicht immer so aus, wie ihr es im Lehrbuch gelernt habt. Sie benutzen hauptsächlich das *français familier*, die Umgangsprache, und sagen z.B. *ouais* anstelle von *oui*.

Hier sind noch ein paar weitere typische Merkmale des *français familier*:

– Vokale werden ab und zu „verschluckt": *j'sais* statt *je sais*.
– Bei Verneinungen fällt manchmal das *ne* weg: *tu parles pas* für *tu ne parles pas*.
– Es werden viele Abkürzungen gebraucht: *interro* für *interrogation* (= Test in der Schule); *restau* für *restaurant*, *ciné* für *cinéma* usw.
– Jugendliche übertreiben gerne und benutzen dafür Wörter wie *trop* oder *grave*: *c'était trop nul* (= das war so blöd); *ça m'énerve grave* (= das nervt mich total).

Dieser Wortschatz und alle anderen unbekannten Wörter sind am Seitenende erklärt oder übersetzt.

Und jetzt viel Spaß mit Simon und seinen Freunden!

Premier chapitre

Lundi, 31 août, 23 heures

Toulouse, centre-ville, au numéro 6 de la rue Deville : une maison.

Dans cette maison, au deuxième étage : un appartement.

C'est l'appartement de la famille Blondeau. Entrons chez eux.

À droite de la porte d'entrée : les WC. Comme ce n'est pas une pièce très importante pour notre histoire, continuons. À droite des WC : la salle de bain. Les murs sont jaunes avec des rayures orange. Il y a une grande baignoire, plusieurs peignoirs, un canard en caoutchouc rose, et une BD que quelqu'un a oubliée par terre.

En face : la chambre des parents. Elle est bleue, avec un grand lit, une armoire et deux tables de chevet. Visiblement, les Blondeau aiment Manet : il y a au moins trois affiches de lui aux murs !

À gauche de cette chambre : la chambre de Noémie Blondeau, six ans. Il y a : 128 poupées, une caisse de Playmobil, un tapis rose et vert avec un petit bureau rose et une petite chaise, rose aussi. Il y a aussi : une étagère pleine de livres, un coffre rempli de jouets divers, du maquillage pour enfants, un lit

---

11 **une rayure** Streifen – 12 **une baignoire** → se baigner – 12 **un peignoir** Bademantel –
16 **une armoire** Schrank – 16 **une table de chevet** Nachttisch – 20 **une caisse** *ici* :
Kiste – 23 **rempli, remplie de** plein de – 24 **un jouet** → jouer – 24 **un maquillage**
Schminke

pour poupée, cassé, et une montagne de peluches. Au milieu de tout cela : un lit avec une petite fille dedans. C'est Noémie. Elle a deux tresses blondes, un nez en trompette et sous son oreiller : une dent
5 de lait.

Quand elle s'est couchée à 19.32 heures, Noémie a dit qu'elle ne dormirait pas pour voir la petite souris. À 19.35 heures, elle dormait. Ça se passe à chaque fois comme ça !

10 Dans la chambre à côté dort Nicolas Blondeau, qui a eu neuf ans il y a un mois. Nicolas dort depuis 19.40 heures. Mais on ne le voit pas très bien, à cause de tous les jouets qui traînent sur, sous ou encore à côté de son lit. On peut juste voir que les
15 murs de sa chambre sont violets, et qu'il y a aussi une étagère avec des livres. Et une table avec beaucoup de crayons de couleurs dessus. Nicolas n'aime pas ranger sa chambre, mais il adore dormir avec toutes ses peluches. Sa préférée, celle qu'il
20 tient dans les bras en ce moment, est un lapin appelé Lapin. Lapin n'a plus qu'une oreille et une grosse tache de chocolat à la place de l'œil gauche.

À côté de la chambre de Nicolas : la cuisine. C'est une belle et grande cuisine, où chaque membre de
25 la famille Blondeau a laissé une trace : une tasse, un magazine féminin, un cahier de Sudoku, une poule en peluche… Dans l'évier, on peut encore

---

1 **une peluche** Plüschtier – 3 **une tresse** Zopf – 4 **un nez en trompette** *fam* Himmelfahrtsnase – 4 **un oreiller** Kopfkissen – 6 **se coucher** aller au lit – 7 **la petite souris** *entspricht der Zahnfee, die der Legende nach nachts kommt und den unter dem Kopfkissen versteckten Milchzahn gegen ein Geldstück eintauscht* – 12 **à cause de qn/qc** wegen – 13 **traîner** herumliegen – 20 **un lapin** Kaninchen – 22 **une tache** Fleck – 24 **un membre** Mitglied – 27 **un évier** Spülbecken

voir les casseroles du dîner de ce soir et sur le frigo, trois emplois du temps.

De l'autre côté du long couloir sombre, à droite de la salle de bain, et donc en face des chambres de
5 Noémie et Nicolas : la plus grande pièce de l'appartement. En réalité, il y a deux parties. Dans la partie salle à manger il y a une grande et large table en bois et six chaises confortables. Sur trois des cinq sets qui sont sur la table, on peut voir des
10 pots de yaourt, vides. Un des Blondeau a pris un fruit pour le dessert et un (ou une ?) autre : rien du tout.

Dans la partie salon, il y a un grand canapé beige, une petite table basse, deux vieux fauteuils, un en
15 cuir, un en tissu, beaucoup d'étagères et de livres, de CD, de DVD, et un buffet, plus très neuf. Trois Playmobil sur le tapis marron, et un circuit de course automobile à côté d'un des fauteuils.

Sur une étagère, Mallow, le chat noir de la famille
20 Blondeau, surveille ses maîtres en faisant semblant de dormir.

Sous lui, sur le canapé, monsieur Blondeau regarde la télé (un documentaire sur la vie secrète des chauves-souris) pendant que madame Blondeau
25 feuillète un magazine de cuisine.

Lundi, 31 août, 23 heures, au 6 rue Deville à Toulouse. Tout est calme. Tout ? Non ! Car dans la

---

1 **une casserole** Kochtopf – 1 **un frigo** Kühlschrank – 3 **un couloir** Gang, Flur – 3 **sombre** ≠ clair – 10 **un yaourt** [jauʀt] Joghurt – 14 **un fauteuil** Sessel – 15 **le cuir** Leder – 15 **un tissu** Stoff – 17 **un circuit de course automobile** Autorennbahn – 20 **faire semblant de** + *inf* so tun als ob – 24 **une chauve-souris** Fledermaus – 25 **feuilleter** → une feuille

chambre au bout du long couloir sombre de l'appartement de la famille Blondeau…

Derrière la porte verte, celle où il y a une feuille qui dit : « Défense d'entrer sans frapper », derrière cette
5 porte où on voit encore des bouts de vieux autocollants Pokémon, dort Simon Blondeau, treize ans, le héros de notre histoire.

Comme tous les soirs, Simon s'est couché à 20 heures 30. Il a lu un peu, puis à 21 heures pile, il a
10 éteint la lumière. Aujourd'hui, c'était le premier jour de la rentrée, et il a eu du mal à s'endormir car, pendant les deux mois de grandes vacances, il ne s'est jamais couché avant 22 heures. Il n'a pas eu le temps de reprendre le rythme scolaire, c'est
15 normal.

Pour trouver le sommeil, Simon a repensé à ses vacances en Bretagne, dans la maison de sa tante. Là-bas, tous les jours, il partait en vélo avec sa grand-mère, cueillir des baies sauvages ou, mieux
20 encore, pêcher des moules et des crevettes à marée basse.

Penser à l'océan l'a aidé à s'endormir.

Maintenant, il dort très profondément en rêvant de dauphins. Il dort si profondément qu'il ne se rend
25 pas compte de ce qui se passe. Car pendant qu'il dort et rêve ainsi, sous sa couette, un mystérieux

---

4 **Défense d'entrer sans frapper** Vor dem Eintreten anklopfen! – 6 **un autocollant** Aufkleber – 7 **un héro** Held – 9 (**à 21 heures**) **pile** *ici* : Punkt (21 Uhr) – 11 **avoir du mal à faire qc** Schwierigkeiten haben etwas zu tun – 14 **reprendre** prendre une nouvelle fois – 16 **le sommeil** Schlaf – 19 **cueillir** pflücken – 19 **des baies** *f* **sauvages** wilde Beeren – 20 **pêcher** *ici* : einsammeln – 20 **une moule** (Mies)muschel – 20 **la marée basse** Ebbe – 23 **profondément** tief – 24 **un dauphin** Delfin – 24 **se rendre compte** bemerken – 26 **une couette** *ici* : Daunendecke

phénomène est en train de prendre possession de son corps. Comme un souffle magique qui entre en lui quand il respire, le Phénomène Mystérieux se glisse dans Simon. Simon qui dort toujours et ne s'aperçoit de rien. Le PM se balade dans tout son corps, de la tête aux pieds et des pieds à la tête. Il se promène dans chaque racine de cheveux, dans chaque pore de la peau, il marche le long des bras, court sous la peau du ventre, descend la jambe droite et remonte par la gauche, il saute, rampe, fonce, trottine, avance, recule, prend de plus en plus de place dans le corps innocent de Simon, Simon qui dort toujours et ne sait rien de ce PM qui peu à peu l'envahit…

24 heures 07

Dans la chambre de Noémie, une maman déguisée en souris, ou vice-versa, met une pièce d'un euro sous l'oreiller de la petite fille, avec une petite carte :

« Chère Noémie ! Merci pour cette jolie dent ! Dommage : tu dormais déjà quand je suis passée, nous n'avons pas pu discuter ! À la prochaine fois, peut-être… »

Dans la chambre de Nicolas, le chat Mallow s'est allongé sur le lit du petit pour la nuit. Monsieur Blondeau vient voir si tout va bien, remonte un peu l'oreiller de son fils, et repart sur la pointe des pieds.

---

1 **prendre possession de qc** von etwas Besitz ergreifen – 2 **un corps** Körper – 2 **un souffle** Lufthauch – 3 **respirer** atmen – 5 **s'apercevoir de qc** etw bemerken – 7 **une racine** Wurzel – 10 **sauter** springen, hüpfen – 10 **ramper** schleichen – 11 **foncer** marcher très vite – 11 **trottiner** trappeln – 11 **reculer** zurücktreten – 14 **envahir qn/qc** über jdn/ etw herfallen – 16 **déguisé, déguisée** verkleidet – 17 **vice-versa** umgekehrt – 17 **une pièce d'un euro** Eineurostück – 27 **sur la pointe des pieds** auf Zehenspitzen

Dans la chambre de Simon, le Phénomène Mystérieux a trouvé une bonne petite place douillette dans le corps de l'adolescent !

Sous la couette, les choses bougent, s'accélèrent,
5 grossissent…

Désormais, rien ne sera plus comme avant.

3 **douillet, douillette** *ici* : gemütlich – 4 **s'accélérer** schneller werden – 5 **grossir** → gros – 6 **désormais** von nun an

Deuxième chapitre

Mardi, 1er septembre, sept heures du matin

Chez les Blondeau, tout est sans dessus dessous. C'est normal, c'est le deuxième jour de la rentrée, et tout le monde regrette déjà les grasses matinées
5 des vacances. Maintenant, il faut se réhabituer à se lever tôt, se dépêcher dans la salle de bain, prendre son petit déjeuner à toute vitesse dans la cuisine, puis partir en courant pour ne pas arriver en retard. Tous les matins, la même histoire : une course
10 contre le temps. Et c'est toujours le temps qui gagne.

Par contre, ce matin, quelque chose n'est pas comme d'habitude.

D'habitude, c'est Simon qui se lève le premier. C'est
15 comme ça depuis toujours : Simon est un lève-tôt. Mais aujourd'hui, toute la famille s'est déjà levée quand madame Blondeau remarque que son fils aîné n'est pas dans la salle de bain comme elle le croyait. Elle va frapper à la porte de Simon. Est-ce
20 qu'il est malade ? Vous savez qu'une maman s'inquiète vite ! Elle frappe donc à la porte verte au bout du long couloir sombre, et là : rien.

Madame Blondeau frappe encore une fois, un peu plus fort. Toujours rien. Alors elle entre.

---

2 **être sans dessus dessous** durcheinander sein – 4 **regretter** *ici :* nachtrauern – 4 **une grasse matinée** un matin où on dort longtemps – 5 **se réhabituer** → s'habituer – 6 **se dépêcher** faire vite – 9 **une course** *ici :* Wettlauf – 13 **d'habitude** gewöhnlich – 18 **aîné, aînée**, le/la plus âgé,e – 21 **s'inquiéter** sich Sorgen machen

Dans la chambre, sous la couette, elle aperçoit un gros tas bleu. Rapidement, elle va vers le lit, se penche et secoue le tas, qui fait un bruit bizarre :

– Grrrrrmpf !

5 Madame Blondeau est surprise. C'est la première fois qu'elle entend ce bruit. Elle secoue encore une fois.

– Grrrrrmpf !

Alors là, elle tire sur la couette et trouve Simon
10 endormi comme un bébé. Elle lui touche le front. Il n'a pas de fièvre. Elle lui demande :

– Chéri, ça va ? Tu as mal quelque part ?

Et là, de nouveau :

– Grrrrrmpf !

15 Alors madame Blondeau comprend : ça y est ! Le PM est arrivé ! Déjà ! Elle pousse un long soupir et dit à son fils de se lever :

– Tout de suite, Simon ! Tu as compris ?

Et sans attendre une réponse, elle sort de la
20 chambre.

10, 9, 8, 7, 6…

---

2 **un tas** Haufen – 2 **se pencher** sich bücken – 3 **secouer** schütteln – 9 **tirer** ziehen –
10 **endormi, endormie** → dormir – 10 **le front** Stirn – 11 **la fièvre** Fieber – 16 **un soupir**
Seufzer

Enfin, Simon se réveille. Comme d'habitude il s'étire et… aïe ! Il se cogne la tête contre le lit. Encore un peu endormi, il se lève, passe rapidement dans la salle de bain où son père finit de se raser.

5   – Bonjour mon fils ! Bien dormi ?
     – Grrrrrmpf !

Étonnant, ce grognement, vraiment très étonnant. Je veux dire : si un chien fait ce bruit, c'est normal. Mais si c'est un corps humain, ça surprend. Ceci
10   dit, on dirait que monsieur Blondeau comprend tout de suite. En tous cas, il regarde son fils, puis sourit sans rien dire. Un sourire énigmatique…

Après la douche, comme tous les matins, Simon file dans sa chambre et s'habille : caleçon, t-shirt, jean,
15   chaussettes neuves. Il mettra ses chaussures au moment de sortir. Pas besoin de pull ou de veste. Même si les vacances sont finies, il fait encore beau.

Quand il arrive dans la cuisine, sa sœur est en train
20   de pleurer sur sa tartine. Le cœur de Simon s'arrête de battre un instant. Avec son frère, ils se chamaillent tout le temps mais sa petite sœur, c'est sa princesse. Il l'adore.

     – Noémie ! Qu'est-ce qu'il y a ? Pourquoi tu
25   pleures ?

---

1 **se réveiller** ≠ endormir – 2 **s'étirer** sich strecken – 2 **se cogner qc** sich etwas anstoßen – 4 **se raser** sich rasieren – 7 **un grognement** Grunzen – 9 **humain, humaine** menschlich – 12 **énigmatique** geheimnisvoll – 13 **filer** *ici* : aller vite – 14 **s'habiller** sich anziehen – 14 **un caleçon** Boxershorts – 15 **une chausette** Socke – 20 **une tartine** (Butter-) Brot – 21 **se chamailler** sich zanken

– C'est à caucau… à caucau… C'est à cause de la souriiiiiiiiiiiiiiiiiis !

– La souris ? Elle n'est pas venue ?

– Siiiiiiiiiiii ! Mais je dormais et après, elle est partiiiiiiiie !

– Oh ma pauvre puce ! Viens, je…

Comme d'habitude, Simon se précipite vers sa sœur. Mais voilà : plus rien n'est comme avant. Il prend sa sœur dans ses bras et là, catastrophe :

– SIMON ! ARRÊTE ! TU ME FAIS MAL ! MAMAAAAAN !

Simon repose vite sa sœur sur sa chaise. Toute la famille le regarde, étonnée. Quoi ? Simon a fait mal à Noémie ? Lui qui est toujours si gentil, si doux avec elle ? Noémie pleure, Nicolas a la bouche grande ouverte tellement il est surpris, et Simon, lui, est tout rouge.

La mère soupire, le père sourit, et tous recommencent à se dépêcher.

7 heures 55
Il faut y aller !

En sortant, Simon se cogne contre la porte, puis contre son père. Il descend les escaliers à toute vitesse. Ses nouvelles baskets lui font mal aux pieds.

8 heures 20
Simon arrive au collège. Dans la cour, il retrouve ses meilleurs amis, Kader et Vivi. Ils ne savent pas

---

6 **ma puce** *ici* : meine Kleine – 7 **se précipiter** sich stürzen – 12 **reposer** → poser –
14 **doux, douce** *ici* : sanft – 15 **la bouche** Mund – 18 **soupirer** → un soupir (Seufzer) –
24 **une basket** Turnschuh – 26 **une cour** (Schul)hof

que le PM est dans le corps de Simon et que, désormais, rien ne sera plus comme avant…

****

9 heures 05, Salle de SVT
5 Dans la salle de SVT, une mouche s'ennuie sur le mur. Sous ses yeux, monsieur Tourlet, prof de SVT, explique à la 4ème B la beauté de la reproduction du crapaud buffle, le fameux *bufo marinus*.

Monsieur Tourlet a une grande qualité pour un
10 prof : les SVT le passionnent, et il pourrait parler pendant des heures de sa matière.

Monsieur Tourlet a un grand défaut pour un prof : il ne se rend pas compte que ses élèves n'aiment pas les SVT autant que lui. Dans la 4ème B, une
15 seule fille s'intéresse vraiment à son cours, c'est Anémone Guillin. Mais elle, elle s'intéresse à tout de toute façon. Le reste de la classe se tient tranquille parce que tout le monde aime beaucoup monsieur Tourlet. On ne veut pas l'embêter. Et puis,
20 on sait qu'avec lui, il n'y a jamais de mauvaises notes aux interros. Il était déjà leur prof en 5ème, et les élèves savent que, quand ils répondent à côté, monsieur Tourlet préfère quand même leur donner une bonne note pour les encourager. Il pense
25 toujours que si ses élèves ne sont pas bons, c'est qu'il est un mauvais prof.

---

4 **SVT** *fpl* (= **Sciences de la vie et de la terre**) Naturwissenschaften – 5 **une mouche** Fliege – 5 **s'ennuyer** sich langweilen – 7 **la reproduction** *ici* : Fortpflanzung – 8 **un crapaud buffle** *besondere Krötenart* – 10 **passionner qn** intéresser beaucoup qn – 12 **un défaut** Fehler, Schwäche – 19 **embêter qn** énerver qn – 24 **encourager qn** donner du courage à qn (ermutigen)

À 10 heures pile, la sonnerie de la récré sonne et les élèves se jettent sur leurs sacs pour sortir. Et là, catastrophe ! Simon se prend les pieds dans le sac de Kader, titube et vient s'écraser contre le bureau
5 de monsieur Tourlet.

Simon n'a pas le temps de se relever que monsieur Tourlet est déjà près de lui et s'inquiète :
– Ça va Simon ? Mais comment c'est arrivé ? Oh là là ! Tout est cassé ! Et toi ? Tu ne t'es pas fait mal au
10 moins ?
Et là, LA HONTE TOTALE ! Océane et ses copines qui passent devant eux !
Et Océane, ce n'est pas n'importe qui. C'est LA fille. LA star du collège. Enfin, des 4ème en tous cas.
15 Tous les garçons sont fous d'elle. Simon est fou d'elle. Et elle le voit assis par terre alors que monsieur Tourlet est en train de lui toucher le front, comme à un bébé !

2 **se jeter sur qc** sich auf etwas stürzen – 4 **tituber** taumeln – 4 **s'écraser contre qc** *ici* : gegen etw prallen – 11 **La honte !** *fam* Was für eine Blamage! – 13 **n'importe qui** irgendwer

– Non mais ça va ! J'ai pas de fièvre, c'est bon !
Simon se lève et part en courant.

****

Dans la cours de récré, Kader se précipite vers son
5 ami qui sort de la classe, rouge comme une pivoine.
– Ça va ? Désolé, j'ai pas pu t'attendre, je, enfin,
les toilettes, tu vois quoi.
– Ouais. Ça va, t'inquiète pas.
– Qu'est-ce qu'il t'a dit ?
10 – Rien !
– T'es collé ?
– Non, j'suis pas collé. Il est sympa, Tourlet. Mais
c'est trop la honte ! T'imagines, il m'a…
Vivi et leur copain Rémi arrivent en rigolant.
15 – Ouaouh ! Alors là : bravo ! Vraiment Simon :
bravo !
– La tête de Tourlet ! Simon le Gentil qui lui casse
tout !
– Mais j' l'ai pas fait exprès ! Je sais pas comment
20 c'est arrivé ! Je…

À ce moment, Océane et ses copines repassent à
côté d'eux.
– Oh, Simon ! La tête que tu avais quand t'as tout
cassé !
25 – Ouais ! Une vraie tête de têtard marinus !
Ça, c'est Marine, une des filles du groupe
d'Océane. Toutes rigolent.
Et là, Simon explose :
– J'AI PAS FAIT EXPRÈS, OK ?

---

5 **rouge comme une pivoine** *fam* rot wie eine Tomate (une pivoine = Pfingstrose) –
11 **coller qn** *fam* jdn nachsitzen lassen – 19 **faire qc exprès** etwas mit Absicht tun –
25 **un têtard** bébé du crapaud

Océane et ses copines continuent leur chemin en ricanant. Simon les regarde partir, TRÈS énervé, puis soudain réalise que Kader, Vivi et Rémi le regardent, l'air TRÈS étonné.

5 – QUOI ? QU'C'QU'Y'A ? s'énerve Simon.

Océane s'est moquée de lui devant tout le monde, ça l'énerve grave !

– Euh… C'est… Enfin, ta voix, lui dit Kader.

– QUOI MA VOIX ? QU'EST CE QU'ELLE A MA 10 VOIX ?

– Elle est, comment dire…, réfléchit Vivi, elle est… bizarre.

– C'est clair. Trop bizarre, même, ajoute Rémi.

– Comment ça bizarre ? Bizarre comment ?

15 – Et bien c'est…, Kader hésite. Je sais pas, c'est…

– Écoute, dit alors Vivi, ne le prends pas mal, mais quand tu t'énerves, t'as une voix de fille.

– OUI ! C'est ça ! T'as une voix de fille ! disent Kader et Rémi en même temps.

20 – Et pour un garçon, c'est bizarre. C'est pas grave, mais c'est bizarre, conclut Vivi.

Heureusement, une fois de plus, la cloche sonne et Simon n'a pas besoin de leur répondre. Il file en cours. Par contre, lui qui d'habitude adore le cours 25 d'allemand, ne dira pas un mot. Ni en allemand ni en maths ni à la cantine. L'après-midi, il ne parlera pas non plus, pas plus en français qu'en anglais.

Toute la journée, Simon ne dit rien ou alors, il chuchote. Ou il envoie des SMS. Mais il ne parle 30 pas. Il pense : une voix de fille ? Mais, n'importe quoi !

****

2 **ricaner** hämisch lachen – 3 **réaliser** *ici* : merken – 4 **étonné, étonnée** erstaunt – 8 **une voix** Stimme – 15 **hésiter** zögern – 21 **conclure** finir – 22 **une cloche** Glocke – 25 **ni … ni** weder … noch – 29 **chuchoter** parler doucement

17 heures 30, chez les Blondeau
– Bonsoir mon chéri ! Tu as passé une bonne journée ?
– NON !

⁵ Simon passe devant sa mère sans la regarder. Noémie vient vers lui pour l'embrasser, comme d'habitude, mais Simon ne la voit pas. Et il ne dit rien à Nicolas non plus. Il va dans sa chambre et claque la porte derrière lui. C'est la première fois ¹⁰ qu'il fait ça, claquer une porte. Le bruit fait peur à Noémie et même à Nicolas. Mais pas à sa mère qui entre dans sa chambre, sans frapper !
– Dis-moi Simon, c'est quoi ces manières…
Elle s'interrompt.

¹⁵ – Mais qu'est-ce que tu as fait à tes chaussettes ? Des chaussettes toutes neuves !
– Quoi ? Mais…

9 **claquer la porte** die Tür zuknallen – 14 **interrompre qn** jdn unterbrechen

Quand Simon rentre à la maison, il enlève tout de suite ses chaussures. Toujours. C'est comme ça. Il a l'habitude d'enlever ses chaussures, mais normalement, il ne regarde pas ses pieds. Et
5 aujourd'hui : chaussette gauche, chaussette droite, dans chacune un trou et deux gros orteils qui prennent l'air.

Simon sent les larmes qui lui montent aux yeux. C'est ridicule ! Pleurer à cause de deux trous dans
10 ses chaussettes, même neuves ! Mais c'est comme ça. Des larmes stupides remplissent ses yeux et il ne peut pas les retenir. Mais sa mère ne les voit pas. Elle fixe les chaussettes de son fils comme si elle pouvait les recoudre avec les yeux. Incroyable ! Son
15 fils aîné a les larmes aux yeux, et madame Blondeau ne les voit pas ! Comme si deux trous dans des chaussettes étaient plus importants ! DES TROUS ! DANS DES CHAUSSETTES ! Pour la deuxième fois aujourd'hui, Simon explose devant sa mère.
20 – Si tu m'achetais des chaussettes de qualité, ça n'arriverait pas ! Mais tu veux toujours faire des économies alors voilà ! Mes chaussures font des trous dans mes chaussettes !
– TES CHAUSSURES ?!
25 – Ben ouais !
– Mais enfin Simon…
Madame Blondeau est surprise : c'est la première fois que son fils lui parle sur ce ton, et en plus, il lui raconte une histoire de chaussures ! Elle soupire,
30 puis regarde de nouveau les pieds de Simon. C'est vrai qu'ils sont grands ! Mais quand même…

---

1 **enlever qc** etw ausziehen – 6 **un orteil** Zeh – 8 **une larme** Träne – 9 **ridicule** lächerlich – 12 **retenir qc** etwas zurückhalten – 14 **recoudre** *ici* : flicken – 14 **incroyable** qui est très difficile à croire – 22 **faire des économies** sparen

– Simon, je ne comprends pas ce que tu me racontes ! Comment est-ce que des chaussures peuvent faire des trous ? Elles sont neuves ! Et je te rappelle que si tu as des chaussettes moins chères,
5 c'est parce que tu as voulu des Converse à 90 euros et que j'ai accepté de te les acheter !

– Peut-être, mais elles me font mal ! Elles sont trop petites !

– Ce n'est pas possible Simon. On les a pris plus
10 grandes pour que tu les portes plus longtemps. C'est du 41 !

– Et alors ? Peut-être qu'ils se sont trompés quand ils ont marqué la taille !

– Ne dis pas n'importe quoi, et arrête de me parler
15 sur ce ton s'il te plaît. On verra ça tout à l'heure, mais je te préviens : si elles sont vraiment trop petites, tu n'auras pas d'autres Converse cette année ! Maintenant, va jeter ces horreurs trouées et fais tes devoirs ! Je t'appellerai pour mettre la table !

20 Madame Blondeau quitte la chambre en soupirant.

19 h 39
Soupe de légumes, un peu de fromage, compote de pomme, et hop ! On va se brosser les dents ! Au lit les petits ! Seul Simon a encore une heure avant
25 d'aller se coucher. D'habitude, il regarde un peu la télé avec ses parents, un jeu télévisé et les infos. D'habitude, il se met avec sa mère sur le canapé, et son père prend un fauteuil. Mais, ce soir, Simon ne veut pas être à côté de sa mère. Il prend un fauteuil.
30 Quand ses parents arrivent dans le salon après lui, son père sourit, sa mère soupire, et ils s'installent

---

3 **rappeler à qn** jdn erinnern – 12 **se tromper** sich irren – 16 **prévenir qn** *ici* : jdn warnen – 18 **une horreur** *ici* : Scheußlichkeit – 18 **troué, trouée** → un trou – 23 **se brosser les dents** sich die Zähne putzen – 26 **un jeu télévisé** Spielshow im Fernsehen – 26 **les infos** *ici* : Nachrichten

ensemble sur le canapé. C'est bizarre : ce soir, personne ne parle. D'habitude, la famille Blondeau discute et commente le jeu, puis les infos, mais ce soir… Madame Blondeau a l'air triste. Parfois, elle regarde son fils, puis elle soupire et tourne la tête. À chaque soupir, son mari lui tapote gentiment la main en souriant.

À 20 h 20, Simon décide d'aller dans sa chambre. D'habitude, il fait un bisou à ses parents pour leur souhaiter bonne nuit, mais aujourd'hui, il dit juste
– 'nnne' n'it.
Et il s'en va sans les regarder.

Dans sa chambre, Simon essaie de lire un peu. Mais trop de choses lui passent par la tête. Simon a l'impression d'avoir passé une journée trop bizarre, mais il ne sait pas vraiment pourquoi. Bon, d'accord, il a fait mal à sa sœur sans faire exprès, cassé des trucs en SVT (toujours sans faire exprès), Océane et ses copines se sont moquées de lui (mais elles, elles l'ont fait exprès), et il a des trous dans ses chaussettes. C'est vrai qu'il y a mieux comme journée ! Mais est-ce que ça suffit pour se sentir aussi… en colère. En colère… et en même temps : très triste.

Un court moment, il regrette de ne pas être resté sur le canapé avec sa mère et de ne pas avoir embrassé ses parents pour la nuit. Il veut se lever et aller leur parler, pour se rassurer un peu, mais c'est comme si une force mystérieuse l'en empêchait.

---

4 **avoir l'air triste** traurig aussehen – 6 **tapoter** *ici :* tätscheln – 6 **gentiment** → gentil – 9 **un bisou** → une bise – 14 **avoir l'impression de** + *inf* das Gefühl haben, etwas zu tun – 22 **suffire** *ici :* genügen – 29 **une force** → fort – 29 **empêcher qn de faire qc** jdn daran hindern etw zu tun

Dans son lit, Simon se tourne et se retourne, se cogne – encore ! – la tête et finit par prendre une décision : demain, il appellera Mamita. Elle, elle pourra le rassurer ! Elle sait toujours comment le
5 rassurer !

Il est 22 heures 13, Simon s'endort enfin. Dans son corps, le Phénomène Mystérieux continue son travail, invisible.

****

10 Dans le salon, monsieur et madame Blondeau discutent à voix basse. Ça aussi, c'est bizarre : d'habitude, quand ils regardent un film, ils ne parlent pas. Surtout quand c'est un film policier ! Mais là, il y a un Maigret à la télé, et les Blondeau
15 discutent. Étrange… Très étrange…

Comme ils parlent doucement, on ne comprend pas tout.
Madame Blondeau soupire et dit quelque chose comme :
20 – … déjà ! Il… jeune… bébé !
Monsieur Blondeau sourit et répond (à peu près) :
– … si inquiète ! … bébé ! … Normal, mais…
Puis, c'est de nouveau madame Blondeau :
25 – … des trous ! … trop petites … ! … neuves !

Et monsieur Blondeau s'écrie :
– 90 EUROS ?!

2 **prendre une décision** décider qc – 4 **rassurer qn** jdn beruhigen – 8 **invisible** qu'on ne peut pas voir – 13 **un film policier** Kriminalfilm – 14 **Maigret** *Verfilmung eines Romans von Georges Simenon, benannt nach der Hauptfigur Kommissar Maigret* – 15 **étrange** bizarre – 23 **inquiet, inquiète** besorgt – 26 **s'écrier** → crier

Ça continue comme ça encore un moment.

– … tout rouge !

– … difficile, surtout à cause de…

– … triste…

5   – … chérie ! Pense aux…

Enfin, monsieur Blondeau se lève, éteint la télé et dit à sa femme :

– Écoute, tu sais quoi ? Demain, j'appelle Mamita. Ça lui fera du bien de la voir !

Troisième chapitre

Nom : Francine Pierrette Louise Blondeau, dite Mamita.

Âge : quand on lui pose la question, elle rougit toujours un peu, puis répond

5 – 45 ! en vous regardant droit dans les yeux. En réalité, personne ne connaît l'âge de Mamita. Même pas ses enfants.

– Je suis intemporelle ! dit-elle souvent.

Profession : grand-mère des enfants Blondeau et
10 de leurs cousins. Et aussi (surtout !) : meilleure amie, première conseillère et complice de Simon. Ils sont très proches, lui et Mamita. Trop, pense parfois la mère de Simon. Mais bon : déjà quand il était petit, Simon pensait que Mamita, c'était
15 Dieu. Et ça n'a pas vraiment changé. Il l'adore. Grave. C'est toujours elle qu'il appelle en premier quand il a un problème.

Qualités : drôle, vive, fantaisiste, dynamique, sportive (elle fait même du roller) plutôt écolo, et
20 aussi : championne du monde des desserts toutes catégories ! Elle fait le meilleur gâteau au chocolat du monde ! Mamita a des solutions à tous les problèmes. Et quand elle n'en a pas, elle en invente !

25 **Défauts :** pas très ponctuelle, un peu menteuse, et surtout : trop souvent absente.

---

3 **rougir** → rouge – 8 **intemporel, intemporelle** zeitlos – 11 **une conseillère** Beraterin –
12 **proche** nahe – 13 **parfois** de temps en temps – 18 **vif, vive** pleine de vie –
18 **fantaisiste** unkonventionell – 19 **écolo** *abr* **écologiste** umweltbewusst – 25 **inventer**
erfinden – 25 **menteur, menteuse** → mentir (lügen)

C'est un peu l'inconvénient quand on a une grand-mère encore jeune : elle bouge tout le temps.

– T'as de la chance ! lui dit toujours Kader quand Simon se plaint que Mamita est encore en voyage.
Ma grand-mère à moi, elle est vieille, moche, et comme elle vit chez nous, je l'ai toujours sur le dos ! Même quand je me brosse les dents !

Mais pour Simon, se brosser les dents avec sa grand-mère est un vrai plaisir. C'est là qu'ils discutent le plus : dans la salle de bain.

Mercredi, 2 septembre, 14 heures 17, dans un hôtel à Antibes, Côte d'Azur.

Allongés au bord de la piscine, Mamita et son nouvel amoureux, Henri, font la sieste quand un serveur arrive avec un téléphone.

– Pour vous, madame. Un monsieur Sonfils.

– Monsieur qui ? Ah oui, donnez-moi le téléphone, merci. Allô, mon chéri ? Comment vas-tu ?

Surpris, Henri lève la tête – un autre chéri ? – puis il comprend et se rendort, rassuré. Mamita, elle, écoute monsieur Sonfils sans rien dire, puis :

– D'accord, je vois. Et sa mère, comment elle va ? Parce que tu sais, ce n'est pas toujours facile pour une mère. Quand… hein ?

– …

– Oui, oui, je sais, pour lui non plus, ce n'est pas facile, je sais bien. Souviens-toi, nous sommes passés par là avec toi. Comment ?

– …

– Je sais bien, mon chéri. Moi aussi je pensais que… Quoi ?

---

1 **un inconvénient** Nachteil – 4 **se plaindre** sich beschweren – 6 **moche** pas beau – 6 **avoir qn sur le dos** jdn am Hals haben – 15 **un serveur** Kellner – 20 **se rendormir** recommencer à dormir – 20 **rassuré, rassurée** beruhigt

– …

– Attends ! Attends : j'ai un message sur mon portable, ne bouge pas. Ah, et bien ! Quand on parle du loup : c'est un message de Simon. Pardon ?

5   – …

– Comment ça, qu'est-ce qu'il dit ? Ça ne te regarde pas, mon chéri ! Non, pas du tout ! C'est du secret professionnel de grand-mère ça. Mais ne t'inquiète pas, je…

10   – …

– Oui oui, je sais, tu étais plus vieux quand c'est arrivé, mais que veux-tu ? Tu as toujours été un peu lent, mon chéri ! Allez ! Je te laisse, c'est l'heure du goûter ! Au revoir mon chéri ! Je t'embrasse, bisous

15   à la famille ! Quoi ?

– …

– Oui oui, je m'en occupe ! Promis, juré, craché ! Bisous !

3 **Quand on parle du loup** wenn man vom Teufel spricht (un loup = Wolf) – 13 **lent, lente** langsam – 13 **Je te laisse !** Ich mache jetzt Schluss. – 13 **un goûter** Nachmittags-imbiss – 17 **Promis, juré, craché !** *fam (französische Schwurformel)* versprochen, geschworen, darauf gespuckt

Soudain, Henri se réveille.

– Craché ? Hein ? Quoi ? J'ai craché ?

– Mais non, mon ami ! Tout va bien. C'est juste mon petit-fils qui vient d'être envahi par le PM…

5 – Le QUOI ?

– Le PM ! Le Phénomène Mystérieux quoi !

Et là, Mamita répond à Simon, puis elle explique tout à Henri.

****

10 Au même moment, à Toulouse, un portable sonne dans un café du centre-ville. C'est le portable de Simon. Il est en train de boire un chocolat chaud avec Kader, Vivi et Rémi. Ils parlent du film qu'ils viennent de voir.

15 – Trop mortel, ce film !

Kader a adoré.

– C'est génial ! Il est trop fort, ce mec !

– Quel mec ?

– Clovis Cornillac ! Il est trop génial ! J'ai a-do-ré !

20 Et toi, Rémi ?

– Ouais, moi aussi. Trop bien. T'as pas aimé toi, Vivi ?

– Ah non alors ! C'était trop nul !

– Oh de toute façon, t'aimes pas les comédies, 25 toi ! T'aimes que les films d'horreur !

– C'est pas vrai ! J'ai adoré le film qu'on a vu la semaine dernière ! C'est juste que…

– …

Pendant que ses copains discutent, Simon regarde 30 le message : c'est sa grand-mère qui lui a répondu. Il lit le SMS et… éclate de rire. Mamita a écrit :

15 **trop mortel** *ici* : génial – 24 **de toute façon** *ici* : sowieso – 31 **éclater de rire** commencer à rire très fort

Mn cr, sà N6 juska 24oct !!!!! Tél ht 2mn ! PM pas mcht ! GTM ! Mamita

Ah là là ! Ça fait trois ans que Simon essaie de lui apprendre le langage SMS, mais rien à faire : elle
5 invente toujours ses propres mots ! Mais bon : il arrive à comprendre que Mamita n'est pas là jusqu'au 24 octobre.
— Mince !
Vivi et les copains le regardent, inquiets.
10 — Quoi ? Un problème ?
— Non, enfin, un peu. C'est ma grand-mère. Je voulais lui parler, mais elle est en vacances.
— Tu as de la chance ! Moi, ma grand-mère elle…
— Kader !
15 — Quoi ?
— Je sais. Tu l'as déjà dit.
— Oh ça va. T'énerve pas.
— Mais pourquoi tu voulais lui parler, à ta grand-mère ? T'as des problèmes ? Tu veux pas nous en
20 parler, à nous ? On est tes amis, non ?

Mais non, Simon ne veut leur parler de ses problèmes. Parce qu'en réalité, il n'a pas de problèmes. Il se sent juste… bizarre. Mais comment expliquer ça ? À part à Mamita ? Mais bon : de toute
25 façon, c'est l'heure de rentrer chez lui. Simon se lève, dit au revoir aux garçons, et là, au moment où il veut faire la bise à Vivi, une chose étrange et terrifiante se passe :
Simon réalise que
30 1) Vivi est une fille, enfin, une VRAIE fille quoi, et que

---

4 **un langage** Sprache – 5 **propre** eigen – 8 **mince !** *ici* : zut ! – 28 **terrifiant, terrifiante** qui fait peur

2) lui, Simon, est victime d'un Phénomène Mystérieux qui provoque des réactions bizarres.

Paniqué et honteux, il quitte ses amis en courant.

****

5 ***Six semaines dans la vie de Simon (version accélérée)***

Vendredi, 11 septembre, cours du collège, 10 h 10 :
– T'es sûr ? Il a dit ça ?
– Ben oui. Il me l'a dit deux fois : il ne veut plus
10 venir à la piscine avec nous si Vivi vient aussi. Plus jamais.
– Mais pourquoi ?
– J'sais pas. Il l'a pas dit.

****

15 *Mardi, 15 septembre, appartement des Blondeau, 7 h 30*
– Comment ça, plus de chaussettes ? Tu avais dix nouvelles paires à la rentrée.
– Mais elles sont toutes trouées m'man !
20 – Hein ? Trouées ?! TOUTES ??!!

****

Lundi, 21 septembre, 8 h 45, cours de SVT
– Mais enfin Simon ! C'est la troisième fois depuis la rentrée !
25 – J'ai pas fait exprès !

****

---

1 **un victime** Opfer – 3 **honteux, honteuse** beschämt – 5 **une version accélérée** Zeitraffer-Version – 18 **une paire** Paar

Dimanche, 27 septembre, 18 h 12, cuisine des Blondeau
 – Ouiiiin ! Mamaaaaaaaaan ! C'est Simoooooooon !
 – Simon ! Qu'est-ce que tu as encore fait à ta
5 sœur ?
 – Mais rien ! Je voulais juste lui faire un câlin et…
 – Oh mon Dieu !

****

Même jour, un peu plus tard, chambre de Simon
10 – Écoute mon garçon : ce qui …
 – Grrrrrmpf !
 – Ce qui t'arrive en ce moment est tout à fait
normal ! C'est…
 – SORS DE MA CHAMBRE !
15 – Mais enfin Simon ! Je…
 – JE T'AI DIT DE SORTIR !!

****

Mercredi, 30 septembre, 16 h 32, café de la Mairie
 – Et si on l'obligeait à venir avec nous ?
20 – Mais non Rémi, je te l'ai déjà dit ! Ce n'est plus
le même ! Même à moi, son meilleur ami, il ne me
raconte plus rien !
 – Et moi, il ne m'aime plus ! Il m'évite !
 – Mais non Vivi ! C'est juste que…
25 – Si Kader ! Je te jure que…

****

---

6 **faire un câlin à qn** jdn knuddeln – 19 **obliger qn à faire qc** jdn zwingen etw zu
tun – 23 **éviter qn** jdm aus dem Weg gehen

Dimanche, 4 octobre, 11 h 09, chambre de Simon
   – Simon ! Debout ! Il est déjà onze heures passé !
   – Grrrrrmpf !

****

5 *Samedi, 10 octobre, 16 h 30, chambre de Kader*
   – Kader ?
   – Oui ?
   – Euh… T'as déjà embrassé une fille toi ?
   – Euh… Non. Pourquoi ?
10 – Comme ça.

****

Lundi, 12 octobre, 7 h 25, cuisine des Blondeau
   – M'man ! Mes chaussures me font mal !
   – Mais on vient de les acheter !
15 – Je sais ! Mais elles me font mal !
   – Essaie de tenir jusqu'à la fin du mois, Simon. On
verra après…

****

Jeudi, 15 octobre, 10 h 15, cours de français
20 – Alors, vous travaillez en groupe. Simon, tu
t'asseois à côté d'Océane, s'il te plaît…
   – Regardez, les filles ! Simon rougit.
   – Oui, il est rouge comme une tomate…

****

---

2 **Debout !** *interj* Lève-toi ! – 16 **essayer de faire qc** versuchen etw zu tun – 16 **tenir** *ici :* aushalten

Samedi, 17 octobre, 19 h 30, chambre de Noémie Blondeau

    – Bonne nuit Noémie !

    – MAMAN ! SIMON M'A FAIT MAL !

5   – Simon ! Qu'est-ce que tu as encore fait ?

    – Mais rien m'man ! Je voulais juste lui faire un bisou !

****

Mardi, 20 octobre, 21 h 45, salon des Blondeau

10   – 42 !!!

    – …

    – 105 euros ???!!!

****

Vendredi, 23 octobre, 21 h 02, chambre de Simon

15 Et voilà. Encore une journée qui se termine. Encore une journée pleine de catastrophes étonnantes, d'accidents mystérieux, de surprises désagréables et de déceptions douloureuses. En plus, Simon a eu 9/20 en SVT ! 9 sur 20 ! Même pas la moyenne ! Ce 20 n'était encore jamais arrivé dans une classe de monsieur Tourlet ! Celui-ci lui a dit :

    – Simon, la prochaine fois, tu feras un effort pour au moins essayer de répondre à la moitié des questions !

25   La honte ! Trop la honte ! Simon n'en a même pas encore parlé à ses parents ! Sa mère va encore soupirer, c'est sûr…

---

15 **se terminer** zu Ende gehen – 16 **étonnant, étonnante** erstaunlich – 17 **désagréable** unangenehm – 18 **une déception** Enttäuschung – 18 **douloureux, douloureuse** qui fait mal – 19 **la moyenne** Durchschnitt – 22 **faire un effort** sich Mühe geben

Même jour, 21 h 21
Simon s'est couché il y a une heure déjà. Mais il ne dort toujours pas.

Qu'est-ce qui lui arrive ? Pourquoi tout va de travers ? Pourquoi est-ce qu'il ne contrôle plus son corps ? Ni sa tête, ni ses pensées, ni ses sentiments ? Pourquoi a-t-il souvent envie de pleurer sans raison ? Pourquoi est-il si souvent en colère ? Pourquoi est-ce qu'il trouve ses parents nuls et ses frère et sœur énervants ? Et pourquoi il fait mal à Noémie quand il la prend dans les bras ? Pourquoi est-ce qu'il n'arrive plus à regarder Vivi dans les yeux ? Pourquoi les filles se moquent de lui tout le temps ?

On dirait qu'il a un alien dans le ventre, comme dans ce vieux film d'horreur.

On dirait qu'il est en train de se transformer en monstre.

On dirait qu'il y a deux Simon dans un seul corps.

On dirait que c'est l'autre Simon qui a le contrôle.

Ça fait mal.
Et ça fait peur…

---

4 **aller de travers** schiefgehen – 6 **un corps** Körper – 6 **une pensée** → penser –
10 **énervant, énervante** → énerver – 17 **se transformer en qc** sich in etwas verwandeln

Quatrième chapitre

Samedi 24 octobre, midi pile, couloir des Blondeau

– Coucou ! C'est moi ! Bonjour tout le monde !
– Mamita !

Simon est encore au lit, mais il ne dort plus : la
5 sonnette l'a réveillé. Il entend sa grand-mère dire
bonjour aux petits, et il est rassuré : Mamita est
rentrée. Tout ira bien maintenant. Il peut dormir
encore un peu. Après tout, c'est son premier jour
de vacances. Sauf que…

10 Sa porte s'ouvre soudain, avec un grand fracas.
Simon s'est enfoui sous sa couette, mais il reconnaît
le pas dynamique de Mamita, Mamita qui ouvre la
fenêtre et les volets en grand. Un air froid entre
dans la chambre. C'est pire encore quand une main
15 énergique arrache sa couette.
– Debout fainéant ! L'école est finie ! C'est l'heure
de partir en vacances ! Tu as une demi-heure pour
faire ta valise ! Allez hop !
Et Mamita sort de la chambre.

20 Vacances ? Valises ? Hein ? Mais c'est quoi ce… ?!

Une chose est sûre : si son père ou sa mère avait fait
ÇA (entrer sans frapper, ouvrir les fenêtres, enlever
sa couette, bref : LE RÉVEILLER !) ils seraient *dead* !
Mais Mamita, c'est autre chose. Vaincu, Simon se

---

5 **une sonnette** → sonner – 10 **un fracas** Krach – 11 **s'enfouir** *ici* : sich vergraben – 13 **un volet** Fensterladen – 15 **arracher qc** prendre qc – 16 **un fainéant** Faulpelz – 18 **une valise** Koffer – 24 **vaincu, vaincue** *ici* : geschlagen

lève et va dans la cuisine, où sa grand-mère rigole avec les petits.

– Ah ! Je vois que la magie du mot « vacances » a fonctionné ! Bonjour mon chéri ! Bonjour et

5 dépêche-toi : le train part à 15 heures, et il faut qu'on aille chercher Kader !

– Euh… Hein ? Je comprends pas ce que…

– Quel est le mot que tu ne comprends pas, mon chéri ? Vacances ? Train ? Kader ?

10 Aïe ! C'est vrai : Simon avait oublié que sa grand-mère peut être aussi très très moqueuse. Surtout quand elle trouve qu'on se comporte comme un idiot ! Du coup, Simon est obligé de faire des vraies phrases :

15 – Ce que je ne comprends pas, c'est qui part quand et où et pourquoi on doit aller chercher Kader !

Alors Mamita lui explique :

– Mon chéri, d'abord tu dois faire ta valise. Prends

20 ce qu'il te faut pour une semaine ! Ton père nous emmène à la gare. Ou plutôt d'abord chez les Faouat, car Kader vient avec nous. Et à 15 heures nous prenons le TGV pour Paris. Là, on passe la nuit chez ton oncle Pierre, et demain : départ à 8 h

25 32 direction la Bretagne ! On passe les vacances de Toussaint dans la maison de tante Nicou à Carnac ! Tout est clair maintenant ?

– Génial ! Mais… Pour Kader, c'est pas possible Mamita ! Son père est super sévère ! Il ne va jamais

30 accepter !

---

11 **moqueur, moqueuse** → se moquer – 12 **se comporter comme** sich verhalten wie –
21 **emmener** bringen – 25 **les vacances de Toussaint** les vacances en automne (la
Toussaint = Allerheiligen) – 29 **sévère** streng – 30 **accepter** être d'accord

– Mon chéri, aucun homme n'a jamais pu dire non à ta grand-mère ! Même pas monsieur Faouat ! Et maintenant, dépêche-toi un peu !

****

5 Tout s'est passé exactement comme prévu :
Ils sont passés prendre Kader, ils ont pris le TGV pour Paris, qui, en fait, partait à 16 h 15 *(« Non, je n'ai pas menti quand j'ai dit 15 heures ! J'ai juste un tout petit peu exagéré ! Comme ça, tu t'es*
10 *dépêché ! »).*
Ils ont dormi chez l'oncle de Simon. Son cousin Louis voulait venir avec eux en Bretagne, mais Mamita lui a dit :
– Plus tard, mon cœur ! Quand toi aussi tu seras
15 victime du PM !
Et le lendemain, ils ont pris le train pour la Bretagne, puis un autre train et pour terminer, un car pour Carnac. Ils ont eu de la chance : Simon, qui croyait que Mamita avait encore « un tout petit
20 peu exagéré » et que le train ne partait pas VRAIMENT à 8 h 32 mais plutôt à 10 heures, ne s'est pas dépêché. Résultat : ils ont dû courir comme des fous pour ne pas le rater.

À Carnac, ils s'installent dans la maison de la
25 tante de Simon. Elle est juste en face de la mer. C'est génial ! Même en automne, c'est beau, l'océan !
Tous les matins, Mamita se lève tôt. Enfin, 9 heures, c'est tôt quand on a 13 ans et qu'on est en vacances !
30 Mais tous les matins, Mamita entre dans la chambre des garçons, ouvre fenêtres et volets en grand et dit :

9 **exagérer** übertreiben – 25 **juste** *ici :* genau

– Debout les garçons ! Il est 9 heures, l'heure de penser aux vacances !

Avec leurs parents, ce serait différent. Mais avec Mamita, personne n'ose dire

5 – Grrrrrmpf !

Alors les garçons se lèvent, font leurs lits et prennent le petit déjeuner avec Mamita. Ensuite : balade en vélo ! Tous les jours ! Mamita dit que le vélo, c'est bon pour la santé. Et les garçons n'osent
10 pas protester.

La Trinité-sur-Mer, les alignements de Carnac, les plages, Carnac-Bourg… tous les matins une nouvelle balade ! Et tous les midis un nouveau restau. Huîtres, moules, poissons, crevettes,
15 écrevisses et bien sûr les fameuses galettes bretonnes… Les garçons ont un appétit d'ogre, surtout après le vélo !

L'après-midi, tout dépend du temps : promenade sur la plage, compétition de cerf-volant, ciné, ou
20 visite d'un super musée qui parle de voile ou de gros bateaux… Il y a chaque jour autre chose à découvrir. Le soir, Mamita leur fait de bons petits plats, les garçons mettent la table et font la vaisselle, puis tous les trois jouent aux cartes, ou Mamita lit
25 et les garçons jouent à la Nintendo. Cool, ces vacances…

---

4 **oser faire qc** sich trauen etwas zu tun – 11 **La Trinité-sur-Mer** Ort in der Bretagne –
11 **les alignements de Carnac** berühmte Sehenswürdigkeit in Carnac, mit Hunderten von
Hinkelsteinen – 12 **Carnac-Bourg** alter Dorfkern von Carnac – 14 **une huître** Auster –
15 **une écrevisse** Flusskrebs – 15 **une galette bretonne** Pfannkuchen aus Buchweizen-
mehl – 16 **un ogre** ici : qn qui mange beaucoup – 19 **un cerf-volant** Drachen – 20 **la voile**
Segelsport – 22 **un bon petit plat** fam leckeres Gericht – 23 **faire la vaisselle** Geschirr
spülen

C'est drôle, la vie : quand Mamita était sur la Côte d'Azur, Simon avait hâte qu'elle revienne pour pouvoir lui parler. Il voulait lui confier ses problèmes, sa honte, ses peurs… Lui parler de ses
5 pieds qui grandissent et grandissent, lui donnent l'air d'un canard et font des trous dans ses chaussettes. Il voulait lui montrer ses mains qui, elles aussi, grandissent trop vite et qui ont l'air de mener une vie indépendante du reste de son corps.
10 Il voulait lui montrer ses poils qui commencent à pousser partout comme s'il se transformait en loup-garou. Avec elle, il voulait essayer de comprendre pourquoi il ne voulait plus se retrouver à côté de filles trop jolies (la honte, à chaque fois !), il voulait
15 lui raconter ses colères, surtout contre ses parents, il voulait lui dire comme il se sent gauche et ridicule, tout le temps, partout. Il voulait lui confier comme il est triste que Noémie et Nicolas ne jouent plus avec lui… Tout, il voulait tout dire à Mamita et
20 là… Rien ! Il ne lui dit rien. Pas parce qu'il a honte ou qu'il n'a plus confiance en elle, non ! Il ne dit rien parce que pour la première fois depuis des semaines, des mois même, Simon se sent bien. Pourtant, rien n'a vraiment changé :

25 Son corps est toujours aussi bizarre (d'ailleurs, ses chaussures lui font de nouveau mal), mais il ne se sent plus aussi inquiet. Peut-être, pense-t-il un jour, parce qu'il n'y a plus ni ses parents, ni ses frère et sœur, ni Vivi avec ses trucs de filles, ni de filles de
30 manière générale, ni de cours de SVT, ni de cours

---

2 **avoir hâte** etwas ersehnen – 3 **confier qc à qn** jdm etw anvertrauen – 5 **grandir** devenir plus grand – 6 **un canard** Ente – 9 **indépendant, indépendante** unabhängig – 10 **un poil** (Körper)haar – 11 **un loup-garou** Werwolf – 16 **gauche** *ici* : linkisch, unbeholfen – 21 **avoir confiance en qn** in jdn Vertrauen haben – 29 **de manière générale** allgemein, im Allgemeinen

de récré ni… Non, il se sent bien aux côtés de Mamita et Kader en train de pêcher.

On dirait que pour être bien, il ne doit plus jamais aller à l'école ni revoir sa famille ni être avec des filles. C'est flippant. Et ça va être difficile. Les filles et l'école encore, on peut s'en passer. Mais ses parents, tout de même… Ne plus jamais revoir sa maman… Et son père… Et les filles, finalement… Enfin, bon, pas le temps de réfléchir, Mamita et Kader l'appellent : ils ont trouvé des petites crevettes grises ! Alors Simon va avec eux et ils continuent leur pêche à pied tous les trois. Il oublie de nouveau tous ses soucis et s'amuse comme un enfant avec son copain et sa grand-mère. Des vacances de rêve !

Tous les soirs, une fois qu'ils sont couchés, Simon et Kader lisent un moment, puis ils éteignent la

---

2 **pêcher** fischen – 5 **flippant, flippante** *fam* beängstigend, beunruhigend – 6 **se passer de qc** auf etwas verzichten – 12 **la pêche à pied** Strandfischen (bei Ebbe) – 13 **un souci** un problème

lumière et discutent un peu dans le noir. Ils parlent du collège, des profs, des copains… Ils se racontent les galères avec les parents, surtout Kader, avec son père qui est vraiment très sévère. Ils parlent des
5 films qu'ils aiment, du dernier match de foot, de fringues qui leur plaisent… Un soir, Simon aborde même de nouveau LE sujet délicat : les filles. Ou plutôt : LA fille. Océane. Celle qui fait chavirer son cœur. Celle à cause de qui il se dit que finalement,
10 ce serait dommage de ne pas rentrer à Toulouse un jour. Celle dont il rêve, pas toutes les nuits, mais presque. Et le jour aussi, souvent.

Là, à Carnac, dans le noir, il demande à son meilleur ami :
15 – Dis, tu crois qu'un jour, j'aurai une chance avec Océane ?
   – J'sais pas… Ouais, sûrement. T'es pas mal, comme mec. Mais bon, moi les filles, tu sais…
   – Quoi ?
20 – Ben rien. Enfin… j'veux dire, j'y connais rien quoi.
   – C'est clair, c'est compliqué, les filles.
   – Sûr. Enfin, j'imagine…
   – Et toi, c'est qui que tu… Enfin, c'est laquelle de
25 fille que t'aimes, toi ?
   – Ben, j'te l'ai dit. Moi, les filles, …
   Simon est très étonné : son pote Kader ne s'intéresse pas aux filles. C'est fou ! Alors que lui, depuis quelques temps, il pense à elles presque
30 tout le temps.

---

3 **une galère** un gros problème – 6 **des fringues** *fpl fam* Klamotten – 8 **faire chavirer le cœur de qn** jds Herz zum Klopfen bringen – 22 **compliqué, compliquée** kompliziert – 27 **un pote** *fam* copain

Mardi 27 octobre, 17 heures 43, dans un supermarché à Carnac

– Si j'te jure, Mamita. Quand je lui parle de fille, ça lui fait rien à Kader. C'est pas normal !

5 – Et pourquoi ? Ça lui viendra plus tard ! Tiens, prends des yaourts aux fruits s'il te plaît.

– Mais, et moi, c'est normal si j'y pense tout le temps, aux filles ?

– À treize ans, oui, c'est normal ! Pour d'autres, ça

10 commence plus tôt, pour d'autres, plus tard, d'autres, c'est jamais, mais pour toi, c'est normal !

– Ah bon ? C'est vrai. Moi, il y a six mois, j'y pensais pas non plus.

– Tu vois ? Ah, pommes ou poires ? Qu'est-ce que

15 vous préférez, Kader et toi ?

– Les pommes. Et il faut se dépêcher Mamita ! Kader nous attend à la maison.

– D'accord, d'accord. Deux kilos de pommes, donc, et c'est fini. Mais dis-moi, mon chéri, c'est la

20 seule chose qui a changé ces derniers mois ?

– Oui. Enfin, non. Pourquoi tu me demandes ça ?

– Disons que j'ai reconnu certains signes. Tes chaussures par exemple, c'est quelle taille ?

– Du 42 !

25 Et là, c'est comme si Mamita avait appuyé sur une touche « *on* » et soudain, Simon parle. C'est comme ça. Il a dit « 42 ! » et tout à coup, il a envie de parler. Et une fois qu'il a commencé à parler, il ne peut plus s'arrêter ! Il n'y a pas de touche « *off* » ! Il

30 commence quand ils sortent du supermarché, il continue sur le chemin du retour, il parle encore quand ils arrivent à l'appartement, et même là : il

---

14 **une poire** Birne – 16 **se dépêcher** sich beeilen – 22 **un signe** Zeichen – 25 **appuyer** drücken

ne s'arrête pas ! Ils s'installent tous les trois à table et Simon continue de parler : ses drôles de rêves, ses maladresses, ses mauvaises notes, ses jambes qui lui font parfois très mal, les filles qu'il ne
5 supporte plus, mais quand il ne voit pas Océane à la récré, il est malheureux. Ce matin, dans le miroir, il a compté huit poils de moustache, la honte ! Tout, tout, tout, il raconte tout à Mamita et Kader qui l'écoutent sans rien dire.

10 Au bout d'une heure et trente-sept minutes, Simon a tout dit. Une minute de silence, puis Kader dit :
– Ouaouh ! C'est pour ça que tu es si bizarre depuis un moment ?
– Ce n'est pas bizarre, répond Mamita. C'est le
15 Phénomène Mystérieux. Tu grandis, mon chéri ! Bientôt tu seras un homme, tu mesureras un mètre 92, tu auras plein de muscles, tu auras une belle voiture, une immense maison, deux femmes, sept enfants, tu paieras des impôts, moi je viendrais te
20 faire ton gâteau au chocolat préféré, en vacances, tu iras au Maroc et quand tu auras 42 ans tu…
– Mamita…
– Oui, quoi ?
– Tu crois pas que tu vas un peu vite là ?
25 – Oh là là ! Vous les jeunes alors ! On ne peut même pas exagérer un tout petit peu avec vous !

---

3 **une maladresse** Ungeschicklichkeit – 5 **supporter** ertragen – 6 **un miroir** Spiegel –
7 **une moustache** Schnurrbart – 16 **mesurer** messen – 19 **un impôt** Steuer

Cinquième chapitre

Dimanche, 18 décembre, 18 heures, salle de bain des Blondeau

– ... 68, 69, 70 ! Un mètre 70 ! Mon Dieu Simon ! Tu as pris trois centimètres en un mois ! C'est énorme !

– Mais non m'man. C'est pas énorme, c'est normal. C'est le Phénomène Mystérieux !

– Oh mon Dieu ! Toi qui étais un si joli petit bébé ! Madame Blondeau soupire.

– J'imagine qu'il va falloir t'acheter de nouvelles chaussures, non ?

– Oui, et des chaussettes aussi. Les miennes sont...

– ... toutes trouées, oui, je sais. Oh là là ! Mais si ça continue comme ça, tu vas avoir besoin de chaussures taille 47 ! Quelle horreur !

– T'inquiète pas, m'man. Dans quelques mois, c'est l'été, tu pourras m'acheter des tongs ! C'est moins cher, et c'est pas grave si les orteils dépassent !

Madame Blondeau sort de la salle de bain... en soupirant.

– Si tu continues comme ça, tu seras bientôt plus grand que moi, dit monsieur Blondeau qui est en train de se raser. Il sourit à leur reflet dans le miroir.

Depuis les vacances avec Mamita, beaucoup de choses ont changé dans la vie de Simon.

---

18 **des tongs** *fpl* Flip-Flops – 20 **dépasser** hervorschauen

D'abord, depuis deux mois, il fait de la natation. C'est sa grand-mère qui lui a donné l'idée. Avant, il jouait au foot le mercredi. Mais depuis que le PM est entré dans son corps, il court comme un pingouin (enfin : il a l'impression de courir comme un pingouin !) et ça, c'est la honte. Alors quand Mamita lui a dit, en rigolant :

– Tu devrais faire de la natation, mon chéri ! Des pieds aussi gigantesques, ça ferait de super palmes !

Et que Kader a rajouté :

– Et tes mains, ça ferait des pagaies terribles !

Simon s'est dit :

– Tiens ! Pourquoi pas ?

Après tout, Simon a toujours adoré l'eau, et il aime faire du sport. Alors, au retour de Carnac, il s'est

9 **une palme** Schwimmflosse – 12 **une pagaie** Paddel – 12 **terrible** *ici* : génial

inscrit au club de natation et depuis, il s'entraîne deux fois par semaine. Il adore ça. En plus, son entraîneur lui dit qu'il est doué et qu'il pourra bientôt faire des compétitions. C'est cool…

5 En parlant avec Mamita, Simon a compris que pour les parents aussi, c'est dur quand le PM s'installe dans le corps de leurs enfants. Surtout pour les mamans, en fait.

– J'ai vécu ça quatre fois, lui a raconté Mamita.
10 D'abord avec ton oncle Pierre, puis deux fois avec tes tantes, et pour finir, avec ton père. Et bien, je peux te dire que ça a été un cauchemar à chaque fois ! Voir ses adorables petits chéris se transformer en affreuses choses grincheuses et boutonneuses
15 qui ne pensent qu'à manger et à dormir, c'est horrible !

– Mais pourquoi papa sourit tout le temps, alors ? avait demandé Simon.

– Parce que les pères sont contents de voir leur
20 fils devenir un homme. Un grand fils, c'est un peu un copain pour un père.

– Sois content, avait dit Kader. Mon père à moi, il ne sourit jamais !

– Et puis, continue Mamita, si tu étais une fille,
25 ton père ne rirait pas du tout, crois-moi !

Donc, Simon essaie d'être un peu sympa avec ses parents, même si ce n'est pas toujours facile. Noémie et Nicolas sont de plus en plus complices et jouent souvent ensemble, mais parfois, ils
30 acceptent leur grand frère et ils arrivent à jouer tous

---

16 **s'inscrire à qc** sich für etwas anmelden – 3 **doué, douée** begabt – 4 **une compétition** Wettkampf – 12 **un cauchemar** Alptraum – 13 **adorable** reizend, entzückend – 14 **affreux, affreuse** schrecklich – 14 **grincheux, grincheuse** mürrisch – 14 **boutonneux, boutonneuse** qui a des *boutons* (*ici* : Pickel) – 4 **une silhouette** *ici* : Figur

les trois au moins un quart d'heure sans se disputer !

Simon a pris trois centimètres en un mois, mais ses pieds et ses mains sont restés pareils. Sa silhouette est plus harmonieuse.

Sa voix est plus grave, même quand il s'énerve ! Fini, la voix de fille !

À propos de filles :
Mamita lui a aussi beaucoup parlé d'elles. Elle lui a expliqué plein de choses sur les filles en général et sur les filles de 13 à 14 ans en particulier. Ce qu'elle lui a dit exactement sur le sujet relève du secret professionnel de grand-mère. Bon, avec Océane, ça ne l'aide pas vraiment. Par contre, il peut de nouveau regarder Vivi dans les yeux. Et ça, c'est très bien. Parce que c'est elle qui lui a donné une idée : il a fait une liste de choses négatives et de choses positives.

– J'ai lu ça dans mon magazine de filles, lui a expliqué Vivi, c'est comme un bilan, ça aide à savoir ce qu'on veut changer dans sa vie.

– Tu vas pas faire un truc de filles ? ont demandé Kader et Rémi.

– Pourquoi pas ? On peut toujours essayer !

Du coup, ils ont aidé Simon à faire sa liste.

---

6 **grave** *ici* : tief – 10 **en général** im Allgemeinen – 11 **en particulier** im Besonderen – 20 **un bilan** Bilanz

Trucs supers :

1. Je suis doué en natation.

2. Je vais au ciné avec Emma, une fille de la 4ème C la semaine prochaine.

5   3. J'ai eu un 18/20 en allemand.

4. On part en Bretagne tout l'été !

5. J'ai des supers copains (ça, c'est Kader qui l'écrit !)

6. Mes pieds ont fini de grandir.

Trucs nuls

10 1. Océane ne me regarde toujours pas.

2. Je dois porter mon appareil dentaire pendant encore deux ans.

3. J'ai des boutons sur le menton, en plus des poils (ça se voit pas ! Je te jure que ça se voit pas ! Signé Rémi).

15   – Cool ! C'est un super bilan, a dit Vivi. Tu as plus de trucs positifs que négatifs !

– Mon chéri, c'est une très bonne idée de faire un bilan ! a dit Mamita. Comme ça, tu pourras voir les changements positifs chaque année !

20   – Quoi par exemple ?

---

1 **un truc** *fam* une chose – 2 **être doué** avoir du talent – 11 **un appareil dentaire** Zahnspange – 13 **un bouton** *ici :* Pickel – 13 **le menton** Kinn – 14 **jurer** schwören – 19 **un changement** → changer

– Et bien, l'année prochaine, tu pourras écrire dans la liste de trucs supers : je dois porter mon appareil dentaire pendant une seule année, et après c'est fini ! Tu verras, l'adolescence, c'est juste un
5 mauvais moment à passer. Même si ce moment peut durer des années.

– DES ANNÉES ??!! T'es sûre Mamita ? T'exagères pas un peu, là ?

– Mon chéri, le PM est entré dans ton père quand
10 il avait 14 et demi, et il est resté jusqu'à ses 23 ans !

– NEUF ANS ?!

– Non, là c'est toi qui exagères, mon cœur ! Ça fait seulement huit ans et demi !

Dans la piscine, Simon y pense pendant qu'il fait
15 des longueurs et des longueurs. C'est vrai que ça sert d'avoir de grands pieds ! Il est de plus en plus rapide !

Son entraîneur l'inscrit à un premier championnat. Simon arrive 3ème ! Il continue de faire des longueurs,
20 avec ses grandes palmes et ses grandes pagaies ! Nouveau championnat. Vivi, Kader et Rémi sont venus l'encourager ! C'est Simon qui gagne ! Le lendemain, il y a sa photo dans le journal !

Quelques jours plus tard, la nouvelle a fait le tour
25 du collège, un groupe de filles s'approche de Simon. Est-ce qu'elles viennent se moquer ? Non, pas du tout ! L'une d'elle s'avance et lui demande… un autographe ! Elle a vu sa photo dans le journal, hier, et elle le trouve super !

---

4 **l'adolescence** *f* → un adolescent – 6 **durer** (an)dauern – 14 **faire des longueurs** *ici* : Bahnen schwimmen – 16 **servir** nützlich sein – 18 **un entraîneur** → s'entraîner – 22 **encourager qn** *ici* : jdn anfeuern – 25 **s'approcher de qn** sich jdm nähern – 28 **un autographe** Autogramm

Simon signe sur le bras de la fille qui repart avec ses copines.

– Tu lui plais, mon vieux ! lui dit Kader.

– C'est clair, ajoute Vivi. Tu devrais lui demander
5 de sortir avec toi !

– Bah, c'est une gamine ! Elle est en 5ème. Euh, et en plus, je vais à la patinoire avec Emma samedi.

– OUAOUH ! Génial ! Tu sors avec une fille ! Trop cool !

10 – Oh, ça va Kader, c'est juste, enfin, je…

– Regarde Rémi ! Il est tout rouge !

– Ouais ! Et là, on les voit bien, les boutons !

Heureusement, la cloche sonne la fin de la récré, et Simon n'est pas obligé de taper sur ses copains !

15 En cours de SVT, Kader casse tous les tubes à essai… Et à la récré, il dit à Simon :

– Au fait, tu sais quoi ? Après l'école, je vais en ville avec ma mère. On va m'acheter des nouvelles baskets, parce que les miennes me font mal. On va
20 devoir m'acheter du 40 ! Au moins !

– Et ça, ce n'est que le début, répond Simon. Ce n'est que le début !

FIN

---

6 **une gamine** *fam* enfant – 7 **une patinoire** eine Eislaufbahn – 14 **taper sur qn** jdn schlagen – 15 **un tube à essai** Reagenzglas – 21 **un début** Anfang

Questions de compréhension et activités

Avant la lecture

1. Regardez la *photo de couverture* (Titelbild) et le titre. À votre avis, quel est le sujet de l'histoire ?

Pendant la lecture

Chapitre 1

1. Dessinez un plan de l'appartement des Blondeau.
2. Qui est Manet ? Faites une recherche sur Internet et présentez vos résultats à la classe.
3. « Rien ne sera plus comme avant… ». Imaginez ce qui va peut-être se passer.

Chapitre 2

1. À votre avis, pourquoi la maman de Simon soupire-t-elle ?
2. Simon a l'impression qu'il a passé une journée trop bizarre, mais il ne sait pas vraiment pourquoi. Est-ce que vous connaissez ce sentiment ? Expliquez.
3. À deux : Imaginez le dialogue des parents et jouez la scène.

Chapitre 3

1. Mamita est la grand-mère et la meilleure amie de Simon. Y a-t-il un adulte dans votre vie qui est votre meilleur ami ? Faites son portrait.

2. Le garçon d'hôtel pense qu'un monsieur Sonfils appelle Mamita. Quelle question a-t-il posé à monsieur Blondeau ?

3. Mamita veut apprendre le langage SMS. Et vous, vous le comprenez ? Traduisez.
   a) Mdr, ta vu Coralie l é fol
   b) A 2min o ciné
   c) Jtm
   d) Jtd, bzooo

Solutions : 3a) mort de rire, tu as vu Coralie, elle est folle ; b) à demain au ciné ; c) je t'aime ; d) je t'adore, bisous

4. Décrivez un mois dans votre vie en version accélérée !

Chapitre 4

1. Vrai ou faux ? Si c'est faux, corrigez.
   a) Mamita veut partir en Normandie avec Simon.
   b) L'avion part à 15 heures.
   c) Mamita et les garçons font une balade en vélo tous les jours.
   d) Kader raconte tous ses problèmes à Mamita.

2. Pour vous, c'est quoi, des vacances de rêve ?

3. Mamita dit à Simon : « (…) si tu étais une fille, ton père ne rirait pas du tout, crois-moi ! ». À votre avis, pourquoi pense-t-elle cela ? Êtes-vous d'accord ?

Chapitre 5

1. Cochez la ou les bonnes réponses.
    a) En un mois, Simon a pris
        A) un centimètre
        B) trois centimètres.
        C) dix centimètres.
    b) Plus tard, Simon sera
        A) plus grand que son père.
        B) plus fort que Terminator.
        C) plus sympa que Mamita.
    c) Depuis deux mois, il fait
        A) du canoë.
        B) de la natation.
        C) du sport.
    d) À son premier championnat, Simon est
        A) dernier.
        B) troisième.
        C) premier
    e) Après l'école, Kader et sa mère vont acheter
        A) des chaussures.
        B) des baskets.
        C) des chaussettes.

2. Que pensez-vous du bilan de Simon ? Faites votre bilan à vous !

3. Vous êtes le meilleur ami de Simon. Donnez-lui cinq conseils pour avoir du succès avec les filles !

Après la lecture

1. Expliquez les différences entre le quotidien (p.ex. la vie scolaire, l'emploi du temps) d'un ado en France et celui d'un ado en Allemagne.

2. Imaginez la suite de l'histoire : 20 ans plus tard, Simon a un fils de 13 ans. Comment est-ce qu'il lui explique le PM ?

Une recette :

Le gâteau au chocolat de Mamita

Ingrédients :
- 200 g de chocolat pâtissier
- 125 g de beurre
5   - 2 cuillère à soupe de farine
- ½ paquet de levure
- 100 g de sucre
- 80 g de poudre d'amandes
- 3 œufs

2 **un ingrédient** Zutat – 3 **un chocolat pâtissier** Blockschockolade – 5 **une cuillère à soupe** Suppenlöffel 6 **une levure** Backpulver – 8 **une poudre d'amandes** gemahlene Mandeln

Préparation :

1. Préchauffer le four à 210°C.
2. Séparer les blancs des jaunes d'œufs.
3. Faire fondre le beurre et le chocolat dans une casserole.
4. Ajouter le sucre, la farine, la levure, la poudre d'amandes et les jaunes d'œufs.
5. Battre les blancs en neige et les incorporer délicatement en mélangeant avec une spatule.
6. Verser dans un moule rond beurré et enfourner pour 15 minutes.

Bon appétit !

---

2 **préchauffer** vorheizen – 3 **séparer** trennen – 4 **fondre** schmelzen – 5 **une casserole** Kochtopf – 8 **battre les blancs en neige** Eiweiß steif schlagen – 8 **incorporer** *ici* : unterheben – 9 **délicatement** *ici* : vorsichtig – 9 **mélanger** mischen – 9 **une spatule** *ici* : Teigschaber – 10 **verser** gießen – 10 **un moule** *ici* : eine Backform – 10 **enfourner** mettre au *four* (Backofen)

Le gérondif

In dem Roman kommt an einigen Stellen eine Verbform vor, die ihr wahrscheinlich noch nicht gelernt habt und die es im Deutschen nicht gibt: das *gérondif*.

1. Bildung des *gérondif*

Das *gérondif* setzt sich aus der Präposition *en* und einer Verbform zusammen. Diese Form wird von der ersten Person Plural Präsens abgeleitet, wobei die Endung *-ons* durch *-ant* ersetzt wird.

Beispiele:

REGARDER	FINIR	ATTENDRE
nous regard-ons	nous finiss-ons	nous attend-ons
en regardant	**en finissant**	**en attendant**

Es gibt drei Ausnahmen:
être ▶ en étant
avoir ▶ en ayant
savoir ▶ en sachant

Das *gérondif* ist unveränderlich.

2. Gebrauch des *gérondif*

Das *gérondif* kann Temporalsätze (Beispiel a), Modalsätze (Beispiel b) und Konditionalsätze verkürzen.

a) « En sortant, Simon se cogne contre la porte, puis contre son père ». (S. 18)
Beim Hinausgehen stieß Simon erst gegen die Türe und dann gegen seinen Vater.

b) « En parlant avec Mamita, Simon a compris que pour les parents aussi, c'est dur […] ». (S. 50)
Indem/Dadurch, dass er mit Mamita sprach, verstand Simon, dass es auch für die Erwachsenen hart ist […].

Wichtig: Das *gérondif* kann nur dann verwendet werden, wenn in Haupt- und Nebensatz dasselbe Subjekt steht bzw. gemeint ist.

Liste des abréviations

→	mot de la même famille
abr	abréviation
etw	etwas
f	féminin
fam	familier
fpl	féminin pluriel
inf	infinitif
interj	interjection
jdm	jemandem
jdn	jemanden
jds	jemandes
m	masculin
mpl	masculin pluriel
qc	quelque chose
qn	quelqu'un